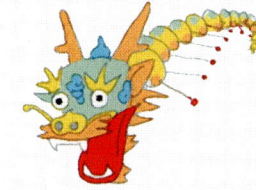 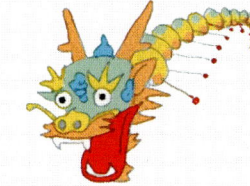 

글 스테파니 올리비에

스테파니 올리비에는 기자이자, 작가예요. 1994년부터 베이징에 살고 있으며 기록영화를 만드는 회사에서 일하고 있어요. 중국을 소개하는 여러 책을 쓰며 활발히 활동하고 있답니다.

그림 쑨 쉰유

쑨 쉰유는 고향인 타이완에 살고 있어요. 타이완의 미술 대학을 졸업하고, 캐나다와 미국에 머무르며 유럽 여러 곳을 여행 다녔어요. 그래픽 디자이너로 활동하다가 지금은 어린이들을 위한 책을 만드는 일을 하고 있어요. 2년 연속 타이완의 아동 문학상을 받았어요.

옮긴이 신연미

어린이책 출판사에서 근무를 하였고, 지금은 어린이 책을 기획하고 쓰는 일을 하고 있어요.
옮긴 책으로는 〈아빠, 사랑해요〉, 〈엄마, 사랑해요〉 등이 있어요. .

세계로 핑퐁

핑핑과 함께하는 베이징 이야기

글 스테파니 올리비에 | **그림** 쑨 쉰유 | **옮긴이** 신연미 | **펴낸곳** 도서출판 별똥별
펴낸이 김희수 | **기획** 도서출판 별똥별 | **편집·디자인** 연필의 입장 | **마케팅** 백나리, 김정희 | **글다듬이** 박미향
출판등록 2009년 2월 4일 제 465-2009-00005호 | **주소** 경기도 화성시 병점1로 218 씨네샤르망 B동 3층
대표전화 031-221-7887 | **고객만족센터** 080-201-7887(수신자부담) | **팩스** 031-224-0557 | **홈페이지** www.beulddong.com
ISBN 978-89-6383-398-9 978-89-6383-312-5 (세트) All rights reserved. Copyright ⓒ2014 by beulddongbeul

Ping Ping de Pékin by Stéphanie Ollivier and Sun Hsin-Yu
Copyright ⓒ 2014 by ABC MELODY Editions All rights reserved throughout the world
Korean Translation copyright ⓒ 2015 by Beulddongbeul, Korea
This Korean edition was published by arrangement with ABC MELODY Editions, France through Milkwood Agency, Korea

이 책의 한국어판 저작권은 밀크우드 에이전시를 통한 ABC MELODY Editions와의 독점 계약에 의하여 도서출판 별똥별에 있습니다.
신저작권법에 의하여 한국 내에서 보호를 받는 저작물이므로 무단 전재와 무단 복제를 금합니다.

ⓒ 도서출판 별똥별
이 책 내용의 전부 또는 일부를 이용하려면 저작권자의 서면 동의를 받아야 합니다. 잘못된 책은 구입한 곳에서 바꾸어 드립니다.

1. 띄어쓰기는 국립국어원에서 펴낸 〈표준국어대사전〉을 기준으로 삼았습니다.
2. 외국 인명, 지명은 국립국어원의 〈외래어 표기 용례집〉을 따랐습니다. 단 저자의 의견에 따라 현지 발음에 가깝게 표기한 것도 있습니다.

주의 책 모서리가 날카로워 다칠 수 있으니 사람을 향해 던지거나 떨어뜨리지 마십시오.

핑핑과 함께하는 베이징 이야기

스테파니 올리비에 글 | 쑨 쉰유 그림

니 하오, 내 이름은 핑핑이야.
난 베이징에 살아.
나랑 같이 우리 가족과 친구들을
만나러 갈래?

별똥별

핑핑은 중국의 수도인 베이징에 살고 있어요.
핑핑은 '평화'라는 뜻이에요.
핑핑이 사는 베이징은 아주 큰 도시예요.
넓은 도로와 수많은 건물이 있고,
여기저기 자동차와 자전거와 사람들로 북적이지요.

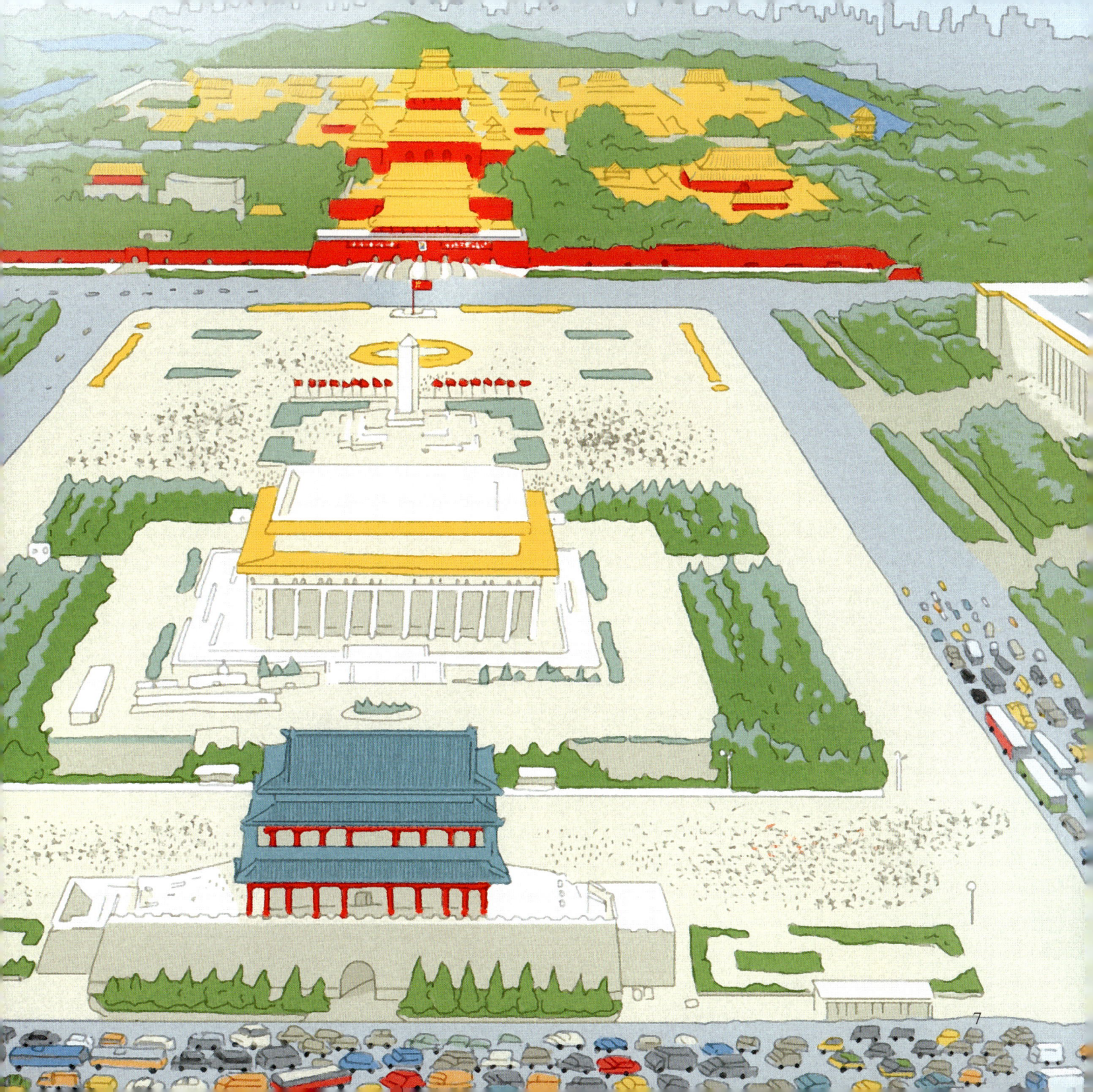

천안문 광장이에요. 세계에서 가장 넓은 광장이지요.
천안문을 지나면 웅장한 자금성이 보여요.
자금성은 옛날 중국의 황제가 살던 궁궐로
약 9000개나 되는 방이 있어요. 정말 어마어마하지요?

핑핑이 가장 좋아하는 곳인 스차하이 호수예요.
겨울이 되어 스차하이 호수가 꽁꽁 얼면,
사람들은 썰매와 스케이트를 타요.
핑핑도 할아버지와 함께 썰매를 타며 즐거운 시간을 보내지요.
차가운 얼음 물에 들어가서 용기를 뽐내는 사람들도 있어요.
정말 대단하죠?

핑핑은 중국 전통 가옥에서
할아버지, 할머니, 아빠, 엄마와 함께 살고 있어요.
핑핑은 형제가 없어요. 중국의 인구가 너무 많아서
한때 나라에서 자녀를 한 명만 낳도록 정했기 때문이에요.
핑핑은 형제가 없지만 다정한 개, 지아가 있어
외롭지 않아요.

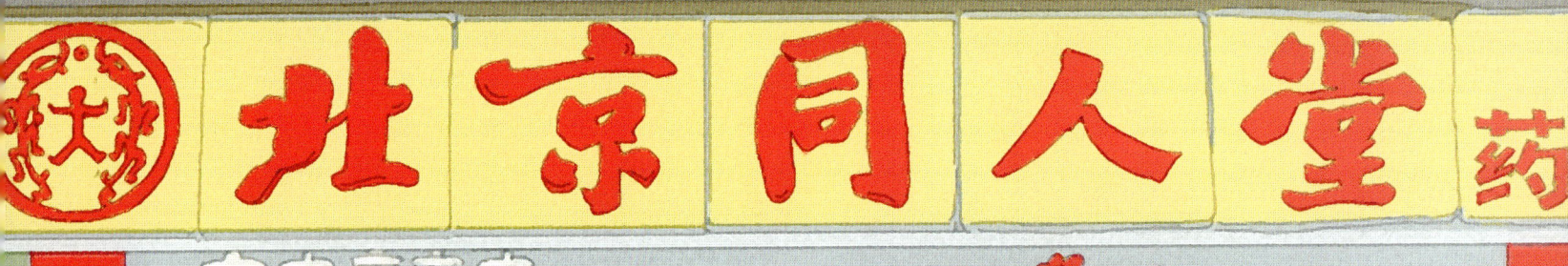

핑핑의 아빠는 택시 운전사예요.
베이징 여기저기를 다니며 열심히 일을 하지요.
핑핑의 엄마는 중국 최고의 약방인 '북경동인당'에서 일해요.
인삼과 약초 등 여러 가지 약재를 파는 곳이에요.

핑핑의 학교는 베이하이 공원 바로 옆에 있어요.
아침마다 핑핑의 엄마가 자전거로 핑핑을 학교까지 데려다 주어요.
베이징은 언제나 교통이 혼잡하기 때문에
자전거를 타면 더 빨리 학교에 갈 수 있어요.

"안녕하세요, 선생님!"
모두 함께 큰 소리로 인사해요.
핑핑이 좋아하는 중국어 시간이에요.
과목마다 선생님이 다른데, 핑핑은 중국어 선생님을 제일 좋아해요.
중국어 선생님은 언제나 밝게 웃고, 친절해요.

핑핑은 점심시간을 무척 기다려요.
친구들과 함께 축구를 할 수 있으니까요.
학교에서 모든 학생은 운동복이나 교복을 입어야 해요.

토요일이 되면 핑핑은 영어와 피아노
그리고 쿵후를 배워요.
쿵후는 중국의 전통 무술이에요.
핑핑은 도복을 입고, 선생님이 하는 대로
동작을 멋지게 따라 해요.

핑핑의 할아버지가 저녁 식사를 준비해요.
예전에 할아버지는 커다란 식당의 요리사였어요.
그래서 요리를 아주 잘해요.
핑핑은 할아버지가 한 요리 가운데
닭고기를 볶은 궁바오지딩과 돼지고기를 볶아
간장에 익힌 홍사오러우를 가장 좋아해요.

휴일이 되면 핑핑은 공원에 가서 연날리기를 해요.
용머리 모양의 연이 보이나요?
핑핑의 연이에요.
때때로 핑핑은 아빠의 택시를 타고 여행을 가기도 해요.
지난봄에는 만리장성을 다녀왔어요.
베이징을 벗어나 시골로 가면
맑은 공기를 마실 수 있어 무척 좋아요.

여름이 되면 핑핑은 외갓집이 있는 쓰촨성으로 놀러 가요.
쓰촨성은 중국의 남서쪽에 있어요.
외할아버지와 외할머니는 산으로 둘러 싸인 예쁜 마을에서 살고 있어요.
여름 내내 핑핑은 외사촌 리안과 함께
강으로 나가 물놀이를 하며 즐겁게 보내요.

한 해의 마지막 날, 새해맞이 축제가 열려요.
핑핑의 아빠는 빨간색 종이를 잘라 창문을 꾸몄어요.
중국에서는 빨간색을 행운의 색으로 여기지요.
자정이 되자, 요란한 폭죽 소리가 여기저기 울리고,
화려한 불꽃놀이가 시작되어요.
정말 아름다워요!

이제 베이징 구경은 끝났어요.
핑핑이 사는 베이징에 꼭 놀러 오세요!
짜이 찌엔! (안녕!)

핑핑에게 배우는 간단한 중국어

你好.
니 하오!

안녕하세요!

我叫平平.
워 짜오 핑핑.

내 이름은 핑핑이에요.

我今年七岁.
워 찐니엔 치 쒜이.

나는 7살이에요.

我住在北京.
워 주 짜이 베이징.

나는 베이징에 살고 있어요.

再见.
짜이 찌엔.

안녕!

중국에서 볼 수 있는 것들

자금성

옛날 황제가 살던 궁궐인 자금성은 '자주색의 금지된 성'이라는 뜻을 지니고 있어요. 오랜 세월 동안 백성들은 드나들 수 없는 곳이었지요.
하지만 지금은 '고궁박물원'이라고 불리며 누구나 자유롭게 드나들 수 있어요.

만리장성

만리장성은 세계에서 가장 거대한 성으로 북방민족의 침입을 막기 위해 세웠어요.
만리장성은 진나라의 시황제 때부터 짓기 시작했으며, 오랜 세월에 걸쳐 지어졌어요.

천단

천단은 자금성 동남쪽에 있어요. 황제들이 하늘에 풍년을 바라며 제사를 올렸던 곳이지요.
못을 하나도 사용하지 않고 오직 나무만으로 만든 건축물이에요.

탕후루

베이징 지역의 대표적인 중국 전통 간식이에요. 명자나무와 산사나무의 열매를 꼬치에 꿰어 물엿에 묻힌 다음 굳혀서 만들어요.
요즘은 다양한 과일을 이용하여 만들기도 해요.

중국의 국기

중국의 국기는 '오성홍기'라고 불러요. 빨간색은 혁명을, 노란색은 광명과 황인종을 나타내어요. 또한 큰 노란색 별은 중국공산당을, 작은 별은 국민을 나타내어요.

신장웨이우얼 자치구

칭하이 성

시짱 자치구(티베트)

정식 명칭 중화인민공화국
위치 아시아 동부
면적 약 959만 7천㎢ (한반도의 44배)
수도 베이징
인구 약 13억 5천만 (2012년 기준)
언어 중국어

룽먼 석굴

중국 3대 석굴 가운데 하나인 룽먼 석굴은 위·진·남북조 시대부터 당에 걸쳐 만들어졌어요. 2300여 개의 석굴과 10만 점이 넘는 불상과 40여 개의 탑이 있어요. 유네스코가 지정한 세계 문화유산이에요.

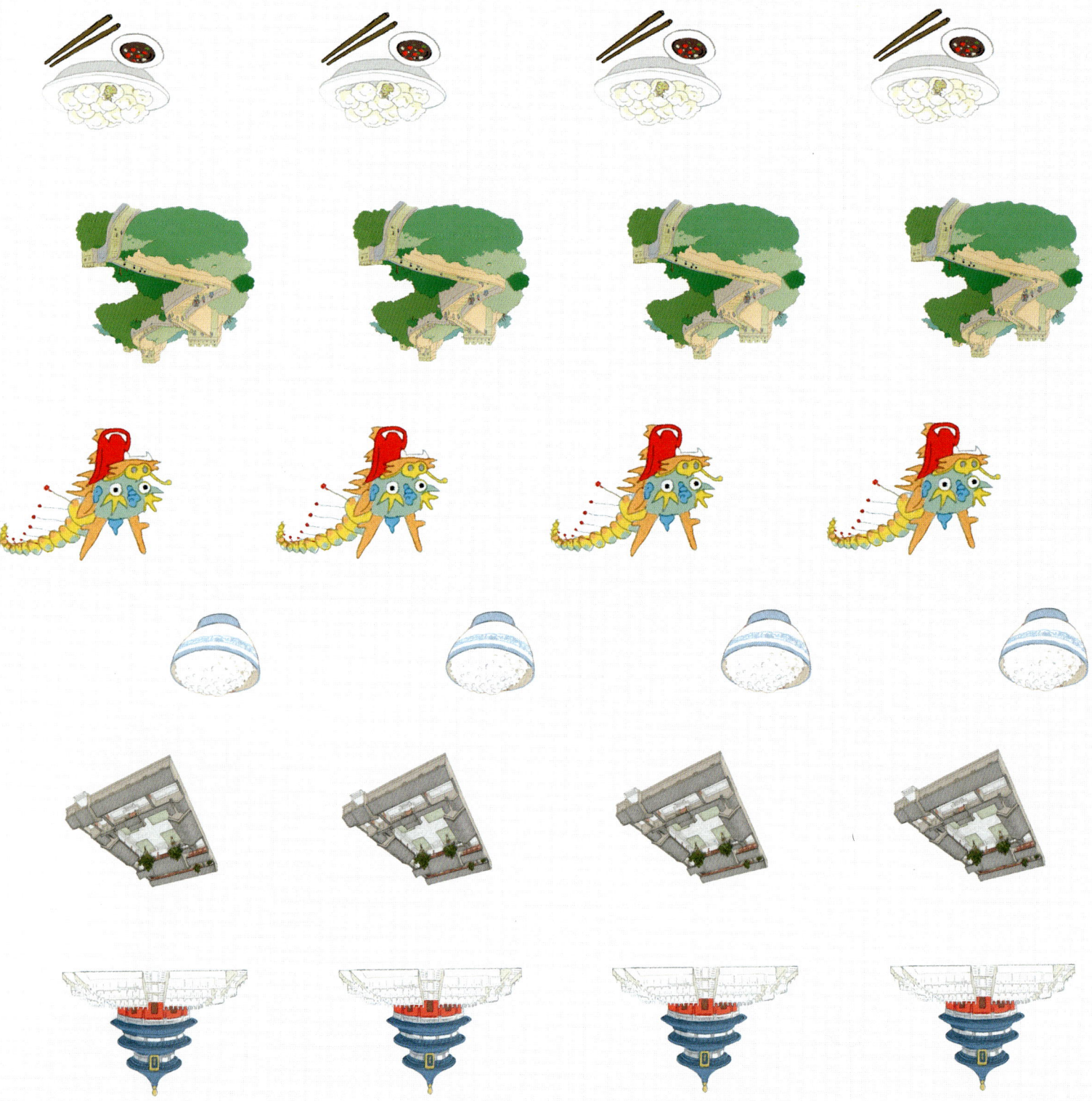